Duden Schülerhilfen

Englisch 5. Klasse

Übungen zu Wortschatz und Wortlehre

Duden Schülerhilfen

Deutsch

Rechtschreibung 1
2. und 3. Schuljahr

Rechtschreibung 2
3. und 4. Schuljahr

Rechtschreibung 3
4. und 5. Schuljahr

Rechtschreibung 4
5. und 6. Schuljahr

Rechtschreibung 5
7. und 8. Schuljahr

Grundwortschatz
3. und 4. Schuljahr

Schreibspiele
ab 3. Schuljahr

Lesespiele
ab 3. Schuljahr

Schön schreiben und gestalten
2. bis 4. Schuljahr

Grammatik
4. und 5. Schuljahr

Grammatik 5. und 6. Klasse

Grammatik 7. und 8. Klasse

Aufsatz 1
2. und 3. Schuljahr

Aufsatz 2
3. und 4. Schuljahr

Aufsatz/Erzählen
5. bis 7. Schuljahr

Aufsatz/Beschreibung
7. bis 10. Schuljahr

Aufsatz/Inhaltsangabe
7. bis 9. Schuljahr

Aufsatz/Bericht
8. bis 10. Schuljahr

Aufsatz/Erörterung
8. bis 10. Schuljahr

Diktattrainer 5. Klasse
mit Übungs-CD

Diktattrainer 6. Klasse
mit Übungs-CD

Diktattrainer 7. Klasse
mit Übungs-CD

Diktattrainer 8. Klasse
mit Übungs-CD

Englisch

Englisch 5. Klasse

Englisch 6. Klasse

Englisch 7. Klasse

Englisch 8. Klasse

Englisch 9. Klasse

Englisch 10. Klasse

Mathematik

Grundrechenarten 1
ab 2. Schuljahr

Grundrechenarten 2
ab 3. Schuljahr

Rechenspiele
ab 4. Schuljahr

Gleichungen und Ungleichungen 1
5. und 6. Schuljahr

Lösen von Sachaufgaben
5. und 6. Schuljahr

Flächen und ihre Berechnung 1
5. bis 8. Schuljahr

Dezimalbrüche
6. Schuljahr

Brüche
6. und 7. Schuljahr

Dreisatz und Prozente
6. bis 8. Schuljahr

Gleichungen und Ungleichungen 2
7. und 8. Schuljahr

Dreieckskonstruktionen
7. und 8. Schuljahr

Viereckskonstruktionen
7. und 8. Schuljahr

Bruchgleichungen und Bruchungleichungen
8. Schuljahr

Textgleichungen 1
8. Schuljahr

Textgleichungen 2
7. bis 9. Schuljahr

Quadratische Gleichungen und Ungleichungen
9. Schuljahr

Wurzeln und Potenzen
9. und 10. Schuljahr

Flächen und ihre Berechnung 2
9. und 10. Schuljahr

Trigonometrie
10. Schuljahr

Logarithmen und Exponentialgleichungen
10. Schuljahr

Chemie

Grundlagen der Chemie
8. bis 10. Schuljahr

Weitere Bände sind in Vorbereitung

Duden Schülerhilfen

Englisch 5. Klasse

Übungen zu Wortschatz und Wortlehre

von Alois Mayer

mit Illustrationen von Detlef Surrey

Dudenverlag

Mannheim · Leipzig · Wien · Zürich

Die Deutsche Bibliothek – CIP-Einheitsaufnahme
Ein Titeldatensatz für diese Publikation
ist bei der Deutschen Bibliothek erhältlich.

Das Werk wurde in neuer Rechtschreibung verfasst.
1. Auflage

Redaktionelle Leitung: Martin Fruhstorfer
Herstellung: Petra Schäffner
Redaktion: Linda Strehl
Korrektorat: Christine Schlitt
Satz: Atelier Frank Wohlgemuth, Bremen
Umschlaggestaltung: Bender & Büwendt, Berlin
Druck: Druckhaus Langenscheidt KG, Berlin
Gedruckt auf Eural Super Recyclingpapier mattgestrichen
Bindearbeit: Schöneberger Buchbinderei, Berlin
Printed in Germany
ISBN 3-411-71281-3

Liebe Schülerin, lieber Schüler,

du bist mit deiner Englischnote nicht zufrieden. Das Lehrbuch, das in deiner Klasse verwendet wird, enthält zu viel Stoff, deine Lehrerin oder dein Lehrer müssen rasch vorgehen, manches verstehst du nicht, und du hast zu wenig Übungsmöglichkeiten.
Bei all diesen Problemen soll dir diese „Duden-Schülerhilfe“ zur Seite stehen.

Was enthält dieses Buch?

- Wortschatz – wenige, aber wichtige Wörter mit Übungen zum Vertiefen
- Grammatik – ausführlich, aber einfach erklärt
- Fehlerquellen – Hinweise auf Sprachprobleme, bei denen Schüler erfahrungsgemäß oft Fehler machen
- Lerntipps – zum leichteren Lernen und besseren Behalten von Sprachmaterial
- viele Übungen mit Lösungen – zum Vertiefen und zur Selbstkontrolle

Wie arbeitest du mit diesem Buch?

Du kannst das Buch von vorne nach hinten durcharbeiten, aber du kannst auch ganz anders vorgehen:
Suche dir das Grammatikkapitel, das du üben willst, im Inhaltsverzeichnis.
Präge dir den Wortschatz ein, der jedem Grammatikkapitel vorausgeht – du brauchst ihn zum Üben, und du musst die einzelnen Wörter nicht im Lexikon suchen.
Lies dir die Grammatikerklärungen und die dazugehörenden Beispielsätze immer **mehrmals laut vor** – das ist oft schon die halbe Miete, wenn du dir etwas merken willst.
Mache die nun folgenden Übungen schriftlich und kontrolliere sie im Lösungsteil. Notiere die Fehler in dem Buch oder auch in einem eigenen Heft.
Wiederhole von Zeit zu Zeit jedes Kapitel, besonders aber diejenigen Übungssätze, die du falsch gemacht hast. Du wirst sehen, deine Englischleistungen werden besser.

Vorwort

Bevor wir aber nun mit den einzelnen Kapiteln beginnen, möchte ich dich mit den Personen und ihren Haustieren bekannt machen, die in diesem Band vorkommen.

Da ist zunächst **Betty**, sie wohnt in Manchester, in Mittel-England. Sie wird demnächst elf und möchte Tierärztin werden. Sie geht gerne zu McDonald's.

Ihre Mutter, **Mrs Baxter,** arbeitet halbtags als Sekretärin in einem Unternehmen. Ihr Vater, **Mr Baxter,** arbeitet in einer Bank. Er ist ein begeisterter Anhänger von Manchester United, dem besten Fußballverein Europas, wie er sagt.

Die Baxters haben auch einen Hund: **Henry**, eine große, gutmütige Dogge.

Betty versteht sich gut mit zwei Jungen aus ihrer Klasse: **Nick** und **Kevin.** Sie sind Zwillinge. Nick interessiert sich für Technisches, Kevin hat wie Betty Tiere sehr gern. Er hat einen kleinen Igel gefunden, der verletzt war; den pflegt Kevin wieder gesund, und der Igel scheint sich bei Kevin sehr wohl zu fühlen.

Schließlich ist da noch **Mrs Bloom.** Sie ist Lehrerin und hat zwei Hunde, **Blacky,** einen schwarzen Pudel, und **Spotty,** eine Promenadenmischung mit geflecktem Fell.
Diese Personen werden dich in dieser und in weiteren „Duden-Schülerhilfen Englisch" begleiten.

Um dir bei der Arbeit die Übersicht zu erleichtern, gibt es die folgenden Zeichen:

Regel →

Fehlerquelle →

Tipp →

Beispiel →

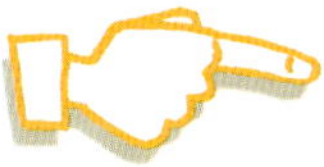

Aufgabe →

Und nun wünsche ich dir viel Freude bei der Arbeit mit diesem Buch und natürlich auch viel Erfolg!

Alois Mayer
Mannheim, im Frühjahr 2001

Inhalt

Kapitel 1

Die Nomen

Im Englischen gibt es verschiedene Arten, den Plural zu bilden. Zuerst lernst du die wichtigsten der unregelmäßigen Pluralformen kennen, dann sehen wir uns auch den s-Genitiv der Nomen näher an.

1.1 Die unregelmäßigen Pluralformen

Wortschatz

Welche der folgenden Wörter kennst du noch nicht? Unterstreiche sie und präge sie dir ein.

baby	Baby	man	Mann	class	Klasse
child	Kind	woman	Frau	way	Weg
boy	Junge	key [ki:]	Schlüssel	day	Tag
girl	Mädchen	piece [pi:s]	Stück	cage	Käfig
family	Familie	bus	Bus	page	Seite
lady	Dame	box	Schachtel		

A 1

1. Schreibe auf jede Zeile zwei Buchstaben, sodass du vier Wörter aus dem Wortschatz bekommst, die auf "y" enden!

_____ y   _____ y   _____ y   _____ y

2. Zwei Wörter aus dem Wortschatz reimen sich. Schreibe sie auf die Zeilen.

What can you see on this __________?

A hamster in its __________.

3. Manchmal spielt der Computer verrückt. Hier hat er mal wieder Buchstaben vertauscht. Kannst du sie zu sinnvollen Wörtern ordnen? Schreibe sie auf die Zeilen darunter.

amfyli   cipee   sacsl   mowna   awy

________   ________   ________   ________   ________

Grammatik

Die regelmäßigen Pluralformen sind leicht zu bilden: Man hängt einfach ein -s an den Singular an, z. B. one book – two books, one dog – two dogs. Beachte jedoch die folgenden unregelmäßigen Pluralformen:

1. one man – two men Aussprache: [mæn] – [men]
   one woman – two women ['wʊmən] – ['wɪmɪn]
   one child – two children [tʃaɪld] – ['tʃɪldrən]

Der Unterschied zwischen **man** und **men** ist oft kaum hörbar. Achte deshalb bei Diktaten auf den Sinn eines Satzes:

There is a **man** in the street. – In the bus there are three **men.**

2. Ein -y am Wortende nach einem Konsonanten wird im Plural zu -ies:
   one baby – two babies
   one lady – two ladies

Steht vor dem -y am Wortende ein Vokal, bleibt es erhalten und wird im Plural zu -ys:

one boy – two boys
one key – two keys

3. Nach einem Zischlaut [s, z, ʃ, tʃ, dʒ] am Wortende wird im Plural ein -e- eingeschoben. Die Aussprache der Endung ist [ɪz]:
   one bus – two buses [bʌs] – [bʌsɪz]
   one box – two boxes [bʌks] – [bʌksɪz]

Bei Wörtern, die auf stummes -e enden, werden die Endungen ebenfalls [ɪz] ausgesprochen:

one piece – two pieces [piːs] – [piːsɪz]

A 2 Betty möchte einen Artikel über ihre Schule für die Schülerzeitung schreiben. Sie holt sich Informationen über die Anzahl der Schüler und Lehrer beim "headmaster", dem Direktor. Hier sind ihre noch unvollständigen Notizen. Kannst du sie ergänzen?

A 3 How many are there? – Wie viele sind es?
Ergänze!

1. (Kind): There is not only one __________ ,
there are three __________ in the garden.

2. (Bus): There is not only one __________ ,
there are two __________ in the street.

3. (Baby): There is not only one __________ ,
there are two __________ in the pram (Kinderwagen).

4. (Schachtel): There is not only one ________ ,
there are four __________ on the table.

A 4 Diese Wortschlange enthält sieben Nomen im Singular. Drei davon haben unregelmäßige Pluralformen. Schreibe sie in den Kasten.

	Singular	Plural
1.		
2.		
3.		

1.2 Der s-Genitiv

Grammatik

Der s-Genitiv drückt aus, zu wem jemand oder etwas gehört.

1. Jemand oder etwas gehört zu **nur einer Person:**

Nicks Bruder	Nick's brother
Wo ist Mr Baxters Auto?	Where is Mr Baxter's car?
Die Tasche der Dame ist braun.	The lady's bag is brown.

Im Singular steht ein Apostroph (') vor dem Genitiv-s.

2. Jemand oder etwas gehört zu mehreren Personen:

– regelmäßiger Plural:

der Ball der Jungen	the boys' ball
das Haus der Eltern	the parents' house
Wo ist die Klasse der Mädchen?	Where is the girls' class?

– unregelmäßiger Plural:

die Taschen der Frauen	the women's bags
die Hüte der Männer	the men's hats
der Lehrer der Kinder	the children's teacher

Beim ***regelmäßigen Plural*** *wird* ***nur ein Apostroph*** *angehängt, ein weiteres -s wie im Singular wird nicht angefügt.*
Bei ***Nomen, die im Plural kein -s*** *haben, wird an die unregelmäßige Pluralform ein 's wie im Singular angehängt.*

Tipp!

Wenn du einen Genitiv im Plural verwendest, so schreibe erst einmal ***die Pluralform und einen Apostroph:***

(teacher)	*the teachers'*	*(child)*	*the children'*
(lady)	*the ladies'*	*(man)*	*the men'*

Wenn die Pluralform bereits auf -s endet, brauchst du kein weiteres -s anhängen.

Wenn die Pluralform nicht auf -s endet, hänge 's an die unregelmäßige Pluralform.

Vergleiche:

The parents' children are here.	*The children's parents are here.*
Die Kinder der Eltern sind hier.	*Die Eltern der Kinder sind hier.*

A 5 Finde die richtige Form des Genitiv Plural.

Singular	**Plural**
the pupil's book	the pupils' books
the girl's ball	______________
the lady's bag	______________
the man's hat	______________
the boy's pen	______________
the baby's lollipop	______________
the woman's name	______________
the child's cap	______________

A 6 Übersetze die folgenden Sätze.

1. Der Hund der Baxters ist schwarz.

   ______________________________.

2. Die Freundinnen der Mädchen sind nicht hier.

   ______________________________.

3. Die Eltern der Kinder sind im Haus.

   ______________________________.

4. Die Freunde der Jungen sind im Garten.

   ______________________________.

A 7 Finde heraus, wem etwas gehört, und verwende den Plural.

1. The _________ _________ is in the tree.

2. The two _________ _________ are in the water.

3. The _________ _________ are in the cages.

Wenn du ein Nomen mit einem -s am Wortende schreibst, achte darauf, welches -s du brauchst:

– ein Plural-s (boys),
– ein Genitiv-s bei einem Nomen im Singular (boy's),
– ein Genitiv-s bei einem Nomen im Plural (boys')?

Du kannst herausfinden, um welchen der drei Fälle es sich handelt, wenn du dir die Bedeutung des ganzen Satzes klar machst.

Plural-s:	Here are Nick and Kevin. The two boys are brothers.
s-Genitiv Singular:	Kevin has got a pet. The boy's pet is a hedgehog.
s-Genitiv Plural:	Nick and Kevin are alone at home. The boys' parents are out.

A 8 Dieses verflixte -s am Wortende!

Ergänze die Lücken mit den Wörtern auf der linken Seite und füge die passenden Endungen hinzu. Achte darauf, ob du Singular oder Plural benötigst!

boy, girl	The ___________ and ___________ are in their class.
pupil	The ____________ teacher is Mrs Bloom.
Bloom, pupil	In Mrs ___________ class, there are 30 ___________.
child, book	Where are the ___________ ___________?
desk	They are on their ___________.
Betty	Where is ___________ book?
girl	It's not on the ___________ desk, it's in her room at home. Mrs Bloom: "Oh Betty!"

Der unbestimmte Artikel

Den bestimmten Artikel „der, die, das“ kennst du bereits, er lautet immer “the”. Im folgenden Kapitel machst du dich mit den Merkmalen des unbestimmten Artikels vertraut.

Wortschatz

Wiederhole zunächst folgende Vokabeln.

apple	Apfel	easy	leicht
orange	Orange	difficult	schwer
banana	Banane	full	voll
ice cream	Eis(creme)	empty	leer
exercise	Übung	new	neu
animal	Tier	old	alt

A 1 Kannst du die Wörter schon? Decke sie zu, wenn du die folgenden Aufgaben machst.

1. Welches der folgenden Wörter enthält der Wortschatz?

   icebox – ice cream – iceberg ______________

2. Mit welchem Wort bezeichnet man Tiere, z. B. dog, cat, goldfish, hedgehog, elephant? ______________

3. Welche Obstsorten findest du in der Liste?

   ____

4. Welche drei Adjektive aus der Liste werden mit einem “e” geschrieben? Tipp: Zwei der Adjektive enden mit einem “y”.

   __________ y   __________ y   __________

5. Zwei der Adjektive enthalten zusammen drei “f”. Welche sind es?

   ____________   ____________

Rechtschreibung

Sieh dir mal die Wörter an, die im Englischen auf "-le" enden, und vergleiche sie mit den deutschen Wörtern:

app**le**	Apf**el**
unc**le**	Onk**el**
need**le**	Nad**el**
ridd**le**	Räts**el**

Damit du Schreibfehler vermeiden kannst, präge dir ein:

deutsch: **-el** englisch: **-le**

Ein „-el" am Ende eines deutschen Wortes wird bei den entsprechenden englischen Wörtern meistens "-le" geschrieben.

2.1 Die Form des unbestimmten Artikels

Grammatik

Der unbestimmte Artikel („ein, eine") lautet im Englischen bei männlichen, weiblichen und sächlichen Nomen "a":

ein	Mann	a	man
eine	Katze		cat
ein	Buch		book

Beim unbestimmten Artikel gibt es auch eine zweite Form des Artikels: Diese Form kannst du leicht selbst finden. Lies mal, wie sich Kevins Igel selbst vorstellt:

Die zweite Form des unbestimmten Artikels lautet also **"an"**. Nun hast du sicher schon gemerkt, wann man statt "a" die zweite Form "an" verwenden muss:

Die Form "an" des unbestimmten Artikels *wird verwendet, wenn das folgende Wort* ***mit einem Vokal*** *beginnt. Das sind Wörter, die mit a, e, i, o, u anfangen:*

an a*norak*	***an o****melette*
an e*lephant*	***an u****mbrella (ein Schirm)*
an i*ce-breaker*	

Ausnahme:

Der unbestimmte Artikel richtet sich nicht nach der Schreibung, sondern nach der Aussprache des folgenden Wortes:
Wenn "u" am Wortanfang wie ***[juː]*** *ausgesprochen wird, so lautet der unbestimmte Artikel* ***"a"****, nicht* ***"an"****:*

a uniform	[ˈjuːnɪfɔːm]	*eine Uniform*
a unit	[ˈjuːnɪt]	*eine Lektion*

A 2 Zeichne Betty, die mit einem Strohhalm aus einer vollen Flasche Cola trinkt. Zeichne daneben Betty mit leerer Colaflasche. Schreibe darunter, ob die Flasche voll oder leer ist.

Look, it's ________________	Look, it's ________________
________________ bottle.	________________.

A 3 Ergänze mit “a” oder “an”.

1. Is it _____ difficult or _____ easy exercise?
2. Look, here’s _____ empty bottle.
3. Here’s _____ apple for Nick, _____ banana for Betty and _____ orange for Kevin.
4. Can I have _____ ice cream, please?
5. In the zoo, you can see _____ old elephant. It’s 60 years old, it’s _____ very old elephant.

2.2 Die Verwendung des unbestimmten Artikels

Wortschatz

Für die folgenden Übungen brauchen wir einige Berufsbezeichnungen.

a teacher	eine Lehrerin, ein Lehrer
a secretary	eine Sekretärin, ein Sekretär
a vet	eine Tierärztin, ein Tierarzt
a manageress	eine Managerin
a manager	ein Manager
an architect ['aːkɪtekt]	eine Architektin, ein Architekt

A 4 Dieses Wortgitter enthält drei Berufsbezeichnungen. Ziehe Kreise um die Wörter.

e	v	r	m	i	s	s	a	w	c
s	e	c	r	e	t	a	r	y	a
s	t	e	a	c	h	e	r	o	r
u	r	o	w	t	a	a	e	v	l

Grammatik

Vergleiche den deutschen mit dem englischen Satz:

Mrs Baxter ist Sekretärin. Mrs Baxter is **a** secretary.

Du siehst, dass **vor der Berufsbezeichnung** im Deutschen kein Artikel, im Englischen jedoch **der unbestimmte Artikel** steht.

A 5 Bilde Sätze anhand der Bilder.

1. Mrs Bloom isn't ______ manageress, she's ______ teacher.

2. She's not ______ architect, she's ____________.

3. Mrs Baxter isn't ______ teacher, she's ____________________.

4. He isn't ______ manager, he's ____________________.

Fürwörter

In diesem Kapitel lernst du die englischen Fürwörter (pronouns). Wenn du dir einige Regeln einprägst, wirst du keine Schwierigkeiten haben, sie ohne Fehler zu verwenden.

Zuerst eine Frage: Weißt du eigentlich, warum die Fürwörter „Für"-Wörter heißen? Die Antwort ist ganz einfach: Fürwörter (lateinisch: Pronomen) stehen „für" Hauptwörter (Nomen).

Lies dir diese Sätze durch:

Für		kannst du sagen:	
	Nick ist krank.		Er ist krank.
	Ich mag Betty.		Ich mag sie.
	Hier ist Kevins Brief.		Hier ist sein Brief.

Auf Englisch funktioniert das genauso:

Für		kannst du sagen:	
	Nick is ill.		He's ill.
	I like Betty.		I like her.
	Here's Kevin's letter.		Here is his letter.

3.1 Die Fürwörter für ein Subjekt (Subjektspronomen)

Ein Subjekt erkennst du in der Antwort auf die Frage „Wer oder was?"
„Nick ist im Garten." – „Wer?" – „Nick."

Sehen wir uns diese Fürwörter einmal an!

Grammatik

Singular					Plural		
ich	du	er	sie	es	wir	ihr	sie
I	**you**	**he**	**she**	**it**	**we**	**you**	**they**

Und so verwendest du die Singularformen:

I	Man schreibt "**I**" immer groß, auch wenn es nicht am Satzanfang steht:	
	Can I have your ball?	Kann ich deinen Ball haben?
you	Man verwendet "you" auch für die höfliche Anrede:	
	Are you a teacher, Mrs Bloom?	Sind Sie Lehrerin, Mrs Bloom?
he/she	"He" und "she" gebraucht man nur für Personen und für Haustiere, die einen Namen haben:	
	Nick isn't here, he's in Kevin's room.	Nick ist nicht hier, er ist in Kevins Zimmer.
	Kitty is a cat, she's white.	Kitty ist eine Katze, sie ist weiß.
it	Im Gegensatz zum Deutschen verwendet man für Sachen immer und für Tiere meistens "it":	
	Is the door open or is it shut?	Ist die Tür offen oder ist sie geschlossen?
	The bird isn't green, it's black.	Der Vogel ist nicht grün, er ist schwarz.

Die Pluralformen "we", "you" und "they" verwendet man wie im Deutschen:

We You They	are from Manchester.	Wir Ihr Sie	sind seid sind	aus Manchester.

3.2 Die Fürwörter für ein Objekt (Objektspronomen)

Ein Objekt erkennst du in der Antwort auf die Frage „Wem/wen oder was?“

„Er sieht eine Maus.“ – „Wen?“ – „Eine Maus.“

Hier zunächst die Übersicht über die Fürwörter für ein Objekt.

Grammatik

Singular					Plural		
mir mich	dir dich	ihm ihn	ihr sie	ihm es	uns	euch	ihnen sie
me	you	him	her	it	us	you	them

Beachte, dass es im Englischen jeweils nur eine Form des Fürwortes gibt, im Deutschen aber je nach Fall („Wem?" oder „Wen?") verschiedene Formen eingesetzt werden müssen.

Das Fürwort für ein Objekt, das eine Sache bezeichnet, heißt im Englischen immer "it":

I can see
- it (the bus).
- it (the mouse).
- it (the car).

Ich kann
- ihn (den Bus)
- sie (die Maus)
- es (das Auto)

sehen.

Wortschatz

Für die folgenden Aufgaben solltest du diese Wörter parat haben.

swimming pool	Schwimmbad	cold	kalt
water	Wasser	hungry	hungrig
pet	Haustier	naughty ['nɔːtɪ]	unartig, frech
friend	Freund	very	sehr
ham sandwich	Schinkenbrot	too	auch

3 Fürwörter

A **1** Kannst du die Wörter schon? Versuche die Fragen zu beantworten.

1. Welches Wort aus dem Wortschatz steckt in dem Namen "Peter"?

____

2. In welchem der Wörter wird ein "i" geschrieben, aber nicht gesprochen? __________

3. Mit wie vielen "o" schreibt man das englische Wort für „auch"? Schreibe das ganze Wort auf. _________

4. Welche Wörter aus dem Wortschatz passen in die Kästchen?

						y
						y
						y

A **2** Im folgenden Text sollst du die passenden Fürwörter einfügen. Tipp: Alle Fürwörter stehen für das Subjekt.

1. Look, Betty's in the swimming pool. ______'s swimming.
2. And Nick and Kevin? _______'re in the swimming pool, too.
   _______'re Betty's friends.
3. The water is great, ______'s not cold.
4. Look, a ham sandwich. ______'s Betty's sandwich.
5. Spotty, Mrs Bloom's pet, is not in the water. ______'s hungry.
6. Spotty: "Mmh, Betty's ham sandwich! ______'s very good."
7. Betty: "____ 'm so hungry. My ham sandwich – where is ______?"
8. Nick and Kevin: "_______'re hungry, too!"
9. Betty: "Oh, Spotty, ______'re a naughty dog."

A 3 Playing hide-and-seek – Versteck spielen (to hide – sich verstecken; to seek – suchen)
Füge die passenden Fürwörter ein. Tipp: Alle Fürwörter stehen für das Objekt.

1. Daisy: "I'm in the garden, but Betty can't see ________."

2. Tim is in the tree, but Betty can't see ________.

3. Nick and Kevin: "We are in the garden, but Betty can't see ________."

4. And Spotty, the dog? – Betty can't see ________.

Wortschatz

Für die folgende Aufgabe brauchst du ein paar Wörter:

pen	Füller	rubber	Radiergummi
pencil	Bleistift	ruler	Lineal
lollipop	Lutscher		

A 4 Bettys Freunde sind ein bisschen vergesslich.
Schreibe die passenden Fürwörter auf die Zeilen. Tipp: Alle Fürwörter stehen für das Objekt.

1. Nick: Betty, I have no pencil. – Betty: Here's a pencil for ________.

2. Nick and Kevin: Betty, we have no rubber. – Betty: Here's a rubber for ________.

3. Kevin: Betty, Nick has no ruler. – Betty: Here's a ruler for ______.

4. Nick: Betty! Tim and Daisy have no pen. – Betty: Here's a pen for ______.

5. Nick: Betty, I have no lollipop. – Betty: Oh no, Nick, my lollipop is not for ______, it's for ______!

3.3 Die besitzanzeigenden Fürwörter (Possessivpronomen)

Hier lernst du die Fürwörter kennen, die einen Besitz oder eine Zugehörigkeit bezeichnen.

Grammatik

Singular					Plural		
mein	dein	sein	ihr	sein	unser	euer	ihr
my	**your**	**his**	**her**	**its**	**our**	**your**	**their**

her – their Das deutsche „ihr/ihre“ drückt man mit “her” aus, wenn nur von einer Besitzerin die Rede ist:

Mrs Bloom and her dogs.	Mrs Bloom und ihre Hunde.

Wenn mehrere Besitzer (männlich oder weiblich) genannt sind, nimmst du für „ihr/ihre“ “their”:

Mr and Mrs Baxter and their dog.	Mr und Mrs Baxter und ihr Hund.

its Wenn etwas zu Sachen oder Tieren gehört, verwendest du “its”:

Look, a cuckoo in its nest.	Sieh mal, ein Kuckuck in seinem Nest.
Manchester is in the north of England; its football team is very good.	Manchester liegt im Norden Englands; seine Fußballmannschaft ist sehr gut.

its – it's

*Sicher ist dir schon aufgefallen, dass man manchmal “its” und manchmal “it's” schreibt. Da beide Wörter gleich ausgesprochen werden, aber verschiedene Bedeutungen haben, musst du beim Schreiben mitdenken: Handelt es sich um das besitzanzeigende Fürwort **its** oder um die Kurzform von **it is**?*

Here's my school. ***It's*** *(Kurzform von it is) a big school.* ***Its*** *(besitzanzeigendes Fürwort) name is Bismarck Gymnasium.*

Beim Schreiben also am besten mitübersetzen – bedeutet **[ɪts]** *„es ist" oder bedeutet es „sein" bzw. „ihr"?*

A 5 Sieh dir die Bilder an und beantworte die Fragen. Verwende in deinen Antworten it's oder its.

1. Where's the cat? ______________________
2. Where's the hedgehog? ______________________
3. What's the taxi's phone number? ______________________

Wortschatz

Für die folgende Aufgabe brauchst du alle bis auf eines dieser Wörter. Wahrscheinlich kennst du sie schon:

computer	mobile phone [ˈməʊbaɪl fəʊn]
cassette recorder	skateboard
game boy	

Achtung! „Handy" heißt auf Englisch ______________________.

A 6 Ergänze die Fürwörter, die einen Besitz bezeichnen, und das fehlende Nomen.

1. Here's Betty and ________ ________________.

2. Here's Nick and ________ ________________.

3. Here are two boys and ________ ________________.

4. Here's Mr Baxter and ________ ________________.

5. Here's my father and me and ________ ________________.

Wortschatz

Diese Verben brauchst du für die folgenden Aufgaben.

to help	helfen	to ask	fragen
to tell	sagen	to give	geben
to put	setzen, stellen, legen	to show	zeigen

A 7 Im Klassenzimmer. Füge die passenden Verben mit den richtigen Fürwörtern ein.

Beispiel:

Nick braucht Hilfe bei einer Aufgabe.
Nick: Please, can you **help me**, Mrs Bloom?

1. Bettys Uhr ist stehen geblieben, sie möchte von Nick wissen, wie spät es ist.

Betty: Can you ________ ________ what time it is, Nick?

2. Kevin möchte einen Bleistift von Tim.

Kevin: Tim, ________ ________ a pencil, please.

3. Mrs Bloom möchte die Hausaufgabe sehen.

Mrs Bloom: ________ ________ your homework, please.

4. Mrs Bloom möchte, dass die Schüler ihre Bücher auf die Tische legen.

Mrs Bloom: ________ ________ books on the desks, please.

5. Daisy möchte der Lehrerin eine Frage stellen.

Daisy: Mrs Bloom, can I ________ ________ a question?

6. Mrs Bloom: Yes, you can, Daisy. ________ ________.

A **8** Mrs Baxter ist vom Einkaufen zurück und packt die Einkäufe aus. Betty will wissen, für wen die Sachen sind. Ergänze die Fürwörter, die für Objekte stehen.

Betty:	Mum:
1. Are the apples for granny and grandad?	Yes, they are for _______.
2. Are the strawberries for me alone?	No, they aren't for _______ only.
3. Are they for Nick and Kevin, too?	Yes, they are for _______, too.
4. Are the pears **[peə(r)z]** (Birnen) for you and Daddy?	No, they aren't only for ______, they are for _______, too.
5. And the carrot? It's for my hamster.	Yes, but wash _______ first.

Bei zwei deutschen Fürwörtern musst du aufpassen, dass du keine Fehler machst: bei „ihr" und bei „sie".

Sehen wir uns erst „ihr" an:
*„Ihr" kann im Deutschen ein besitzanzeigendes Fürwort für eine Besitzerin (Mrs Bloom und **ihre** Hunde), aber auch für mehrere Besitzer (die Baxters und **ihr** Hund) sein.*

*Im Englischen lautet das besitzanzeigende Fürwort für eine weibliche Besitzerin (Singular) **her**:*

*Mrs Bloom und **ihre** Hunde*	*Mrs Bloom and **her** dogs*
*die Schwester und **ihre** Brüder*	*the sister and **her** brothers*

*Das besitzanzeigende Fürwort für mehrere Besitzer (männlich oder weiblich, Plural) ist **their**:*

*Kevin, Nick und **ihr** Hund*	*Kevin, Nick and **their** dog*
*die Schwestern und **ihre** Brüder*	*the sisters and **their** brothers*

Wenn du also das besitzanzeigende Fürwort „ihr" im Englischen verwenden sollst, sieh dir erst den ganzen Satz an: Ist im Satz nur eine Besitzerin genannt, ein Mädchen oder eine Frau, so verwende her, ist dagegen von mehreren Besitzern die Rede, so verwende their.

Damit du hier wirklich keine Fehler machst, löse noch folgende Aufgabe dazu.

A 9 Wie sagst du auf Englisch?

1. das Mädchen und ihr Hamster	the girl and ________ hamster
2. die Jungen und ihr Ball	the boys and ________ ball
3. die Baxters und ihr Haus	the Baxters and ________ house
4. Betty und ihr Vater	Betty and ________ father

Auch das deutsche Fürwort „sie" hat es in sich: Du musst es im Englischen gleich mit vier verschiedenen Fürwörtern wiedergeben, aber keine Angst, das ist gar nicht so schwierig. Du weißt bereits, dass „sie" entweder

– für eine weibliche Person ("she") oder für mehrere Personen ("they") stehen kann (als Subjekt auf die Frage „Wer?"):

Sieh mal, dort ist Betty, sie ist im Auto.	*Look, there's Betty, she's in the car.*
Wo sind die Jungen? Sie sind im Garten.	*Where are the boys? They're in the garden.*

oder

– eine weibliche Person ("her") oder mehrere Personen ("them") vertreten kann (als Objekt auf die Frage „Wen oder was?"):

Ich kann sie (Betty) sehen.	*I can see her.*
Ich kann sie (die Kinder) sehen.	*I can see them.*

Tipp!

Wenn „Sie" als höfliche Anrede verwendet wird, heißt es "you". Es wird im Englischen immer kleingeschrieben:

Sind Sie aus Manchester, Mr Baxter?	*Are you from Manchester, Mr Baxter?*

Und zuletzt auch zu diesem verflixten Fürwort „sie" einige Übungssätze, damit es sitzt!

A 10 Übersetze! Die Angaben in Klammern helfen dir, das richtige Fürwort für „sie" zu finden.

1. **Sie** (Jenny) ist meine Freundin, **sie** ist sehr nett (nice). Ich mag (like) **sie.**

   ____

2. **Sie** (die Katzen) sind im Garten, ich kann **sie** sehen.

   ____

3. **Sie** (die Bücher) sind für **sie** (Mrs Baxter).

   ____

4. Hier sind Fotos, **sie** sind gut. Schau **sie** dir an (look at).

   ____

5. Sind **Sie** Mrs Bloom? Hier ist ein Brief (letter) für **Sie.**

   ____

A 11 Langsam kommen wir nun ans Ende des Kapitels über die Fürwörter. Du kannst sie hier nochmals übersichtlich auf die Zeilen schreiben. Bestimmt machst du jetzt keine Fehler mehr!

1. Person Singular: **ich – mein – mir/mich**

______ can't find ______ hamster. Can you help ______?

2. Person Singular: **du – dein – dir/dich**

______'re from London! What's ______ name?

I can give ______ my address.

3. Person Singular: **er – sein – ihm/ihn**

______'s my friend. ______ brother is my friend, too. I often play with ______.

sie – ihr – ihr/sie

______'s in my class. ______ father is a policeman. I often telephone ______.

es – sein – ihm/es

Look, a bird. _____'s in _____ nest. Can you see _____?

1. Person Plural: **wir – unser – uns**

______'re in class 5b. _______ teacher is nice. He teaches _______ English.

2. Person Plural: **ihr – euer – euch**

Are ______ brothers? Are ______ names Nick and Kevin? Can I ask ______ a question?

3. Person Plural: **sie – ihr – sie**

_______'ve got two sons. _______ names are Nick and Kevin. I often play with _______.

Die Hilfsverben "be" und "have got"

In diesem Kapitel üben wir die zwei wichtigen Hilfsverben "be" und "have got", die in den folgenden Satzarten vorkommen können:

	be – sein	have got – haben, besitzen
Aussagesätze:	He's from Manchester.	She has got a bike.
Verneinte Sätze:	They aren't hungry.	They haven't got a car.
Fragesätze:	Are you from Germany?	Have you got a pen?
Kurzantworten:	Yes, I am.	Yes, I have.

4.1 Das Hilfsverb "be"

Wortschatz

Präge dir zuerst die Wörter ein, die du für die Aufgaben brauchst. Hier sind einige Ländernamen und die dazugehörenden Adjektive.

America	England	Scotland	Germany	India
American	English	Scottish	German	Indian

A 1 Welcher Buchstabe im Wort „Amerika" wird im Englischen anders geschrieben als im Deutschen? Schreibe den englischen Buchstaben auf die kurze und das englische Wort auf die lange Zeile.

________ ____________________

Rechtschreibung

Das **k** im Deutschen wird also im Englischen **c** geschrieben.

Es gibt viele Wörter, die im Englischen und Deutschen ähnlich klingen, sie haben jedoch im Englischen ein **c**, im Deutschen ein **k**: **c**at – **K**atze, **c**ap – **K**appe, **c**lass – **K**lasse, **c**offee – **K**affee.

Wenn du Wörter lernst, die ein gesprochenes [k] enthalten, sag dir am Anfang jedes Mal laut vor:

deutsch mit k, englisch mit c!

Sieh dir auf der vorigen Seite nochmals die Adjektive an, die zu den Ländernamen gehören. Vergleiche die Schreibung der deutschen und englischen Anfangsbuchstaben:

amerikanisch	American

Du siehst: ***Länderadjektive*** *werden im Englischen* ***immer groß****geschrieben.*

a French car	*ein französisches Auto*
a German pupil	*ein deutscher Schüler*
Scottish whisky	*schottischer Whisky*

Grammatik

Das Hilfsverb "be" verwendet man im Englischen sehr häufig. Es gibt mehrere Formen, die du aber mit dieser Übersicht leicht lernen wirst.

Aussagesätze

Langformen (long forms)		Kurzformen (short forms)	
I am	from Germany	I'm	from Germany
You are		You're	
He/She/It is		He's/She's/It's	
We are		We're	
You are		You're	
They are		They're	

Verneinte Sätze

Langformen (long forms)		Kurzformen (short forms)	
I am not	from Switzerland	I'm not	from Switzerland
You are not		You aren't	
He/She/It is not		He/She/It isn't	
We are not		We aren't	
You are not		You aren't	
They are not		They aren't	

Fragesätze

Fragen		Kurzantworten			
Am I	from Berlin?	Yes,	I am.	No,	I'm not.
Are you			you are.		you aren't.
Is he/she/it			he/she/it is.		he/she/it isn't.
Are we			we are.		we aren't.
Are you			you are.		you aren't.
Are they			they are.		they aren't.

4 Die Hilfsverben "be" und "have got"

Beachte die Kurzform der 1. Person Singular: I'm not. Abweichend von den anderen Personen wird das "o" von "not" nicht durch einen Apostroph ersetzt:

I'm not, aber: you aren't – he isn't

Für Engländer klingt es unhöflich, wenn man ihnen auf Fragen nur mit "yes" oder "no" antwortet. Es ist viel höflicher, mit Kurzantworten, bejaht oder verneint, zu antworten:

"Are you from Stuttgart?" – "Yes, I am." oder "No, I'm not."

A 2 Aussagesätze mit den Kurzformen von "be". Ergänze den Dialog mit den passenden Kurzformen.

1. Hello, are you Betty? – Yes, I _______ Betty Baxter.
2. You ________ eleven years old. Right? – Yes, I ______.
3. Where are your parents? – They _______ in the garden.
4. Where is Kevin? – He _______ in the garden, too.

A 3 Verneinte Sätze mit den Kurzformen von "be". Ergänze die Sätze mit den verneinten Kurzformen.

1. The lady ____________ from Scotland, she's from India.

2. "I'm from Manchester, I ________ from Liverpool."

3. "We ________ from Scotland, we're from America."

4. It ________ from a big city, it's from a village.

5. They ________ from Germany, they're from England.

A 4 Fragesätze

In deine Klasse kommt ein Gastschüler. Er spricht nur Englisch. Stelle ihm Fragen!

1. ______ you the new pupil?
2. ______ you ten years old?
3. ______ your family from England?
4. ______ your parents from India?

4 Die Hilfsverben "be" und "have got"

A 5 Fragen, Kurzantworten, Aussagesätze

Mrs Bloom und ihre Klasse machen eine Umfrage in Manchester: Sie wollen herausfinden, wo die Touristen in Manchester herkommen. Ergänze die Sätze und verwende Kurzformen, wo es möglich ist.

Beispiel:
Excuse me, are you from Germany?
No, I'm not, I'm from Austria.

1. Excuse me, ________ you from America?

No, we ________, we ________ from Australia.

2. Excuse me, ________ you from India?

No, I ________, ________ from Pakistan.

3. Excuse me, ________ your friend from China?

Yes, ________, ________ from Hongkong.

A 6 Who is in the photo? – Wer ist auf dem Foto?

Kevin lässt seine Freunde raten, wer auf dem Foto abgebildet ist. Verwende Kurzformen in den Antworten.

"Who can it be?"

Friends:	Kevin:	
1. Is it Miss Bloom?	No, she ___________	
2. Is it Nick?	No, he ___________	in the photo.
3. Is it Mr and Mrs Baxter?	No, they ___________	
4. Is it you?	No, I ___________	

4.2 Das Hilfsverb "have got"

Wortschatz

Die folgenden Wörter bilden jeweils ein Paar. Präge sie dir paarweise ein, dann kannst du sie dir leichter merken.

What's on the table? – Was ist auf dem Tisch?

a knife and a fork	ein Messer und eine Gabel
a spoon and a teaspoon	ein Löffel und ein Teelöffel
a plate and a cup	ein Teller und eine Tasse
a glass and a bottle	ein Glas und eine Flasche

Lerne Wörter immer, indem du sie dir mehrmals laut vorsprichst!

Tipp!

A 7 Wenn du dir die vier Wortpaare eingeprägt hast, decke die englischen Wörter mit einem Blatt zu und sprich sie dir laut vor. Die folgenden Wortpaare sind ein wenig durcheinander geraten. Streiche das falsche Wort durch und schreibe das richtige daneben.

a spoon and a bottle ____________________

a glass and a knife ____________________

a plate and a teaspoon ____________________

a knife and a cup ____________________

8 In die Kästchen passen jeweils zwei Wörter, die einen gemeinsamen Buchstaben haben. Finde diese Wörter.

Grammatik

Auch das Hilfsverb "have got" verwendet man im Englischen sehr häufig. Hier findest du eine Zusammenstellung der einzelnen Formen.

Aussagesätze

Langformen (long forms)		Kurzformen (short forms)	
I have got	a bottle of coke.	I've got	a bottle of coke.
You have got		You've got	
He/She/It has got		He's/She's/It's got	
We have got		We've got	
You have got		You've got	
They have got		They've got	

Verneinte Sätze

Langformen (long forms)		Kurzformen (short forms)	
I have not got	a glass.	I haven't got	a glass.
You have not got		You haven't got	
He/She/It has got		He/She/It **hasn't** got	
We have not got		We haven't got	
You have not got		You haven't got	
They have not got		They haven't got	

Fragesätze

Fragen		Kurzantworten			
Have I got	a knife?	Yes,	I have.	No,	I haven't.
Have you got			you have.		you haven't.
Has he/she/it got			he/she/it has.		he/she/it hasn't.
Have we got			we have.		we haven't.
Have you got			you have.		you haven't.
Have they got			they have.		they haven't.

4 Die Hilfsverben "be" und "have got"

1. Beachte: In der 3. Person Singular heißt es "has", "has not" und "hasn't", bei allen anderen Personen steht "have", "have not" und "haven't".

2. In Kurzantworten fällt "got" weg. Außerdem behält "haven't" das -e- vor dem -n't!

"Have you got a bike?" – "No, I haven't."

A 9 Fragesätze, Kurzantworten und Aussagesätze
Ergänze die Sätze mit "have got". Verwende Kurzformen, wo es möglich ist.

1. ______ the Baxters ______ a dog? – Yes, ______ ______.

They ______ ______ a big, black dog.

2. "Betty, ______ you ______ a glass for me?" – "No, I ______.

But I ______ ______ a cup."

3. ______ Nick ______ a penknife? – No, he ______.

But his brother Kevin ______ ______ one.

A 10 Die Baxters gehen mit Betty, Nick und Kevin an einen See zum Picknicken. An einem guten Platz packen sie ihre Taschen aus und richten das Picknick her.
Ergänze die Sätze mithilfe der Bilder. Verwende möglichst Kurzformen!

Mrs Baxter: Betty, ______ you ______ the  ______?

Betty: No, I ______. Dad, ______ you ______ a penknife?

Mr Baxter: Yes, I ______, here is it. ______ Nick and Kevin ______ the  ______?

Betty: Yes, they ______. They must be in their bags.

Mrs Baxter: Nick, ______ you ______ the  ______?

Nick: No, Mrs Baxter, I ______, but Kevin ______.

Betty: ______ Nick ______ the camera?

Kevin: No, he ______, I ______ ______ the camera in my bag.

Mr Baxter: Emily, ______ you ______ my  ______ and my 

______ of beer?

Mrs Baxter: What? I ______ ______ a  ______ of lemonade for you. No beer for you. You are the driver.

Mr Baxter: Well, all right, I'm not thirsty.

Wir sind fast am Ende des Kapitels angelangt. In der letzten Aufgabe wiederholen wir nochmals Grammatik und Wortschatz aus diesem Kapitel.

4 Die Hilfsverben "be" und "have got"

A 11 Ergänze die Sätze. Verwende Kurzformen, wo es möglich ist.

1. ______ Mrs Bloom a secretary? – No, she ______. She _____ a teacher. _______ she _______ a friend? – Yes, she _______. He _______ from California. Her friend is _________________.

2. _________ Nick and Betty brother and sister? – No, they _________. Nick ______ ______ a brother.

3. ________ Nick and Kevin ________ penfriends (Brieffreunde)? – Yes, they __________. They _______ from Leipzig in ____________. Nick and Kevin learn _____________ at school.

4. "I'm very thirsty. ________ you ______ something to drink, please?" – "Yes, I __________. You can have a __________ of water, a ________ of tea or a__________ of coke." – "Thanks, very nice of you."

Die Verlaufsform

In diesem Kapitel lernst du eine Zeitform kennen, die es im Deutschen nicht gibt: die Verlaufsform (present progressive).

Nick repariert gerade Bettys Kassettenrecorder.
Nick is repairing Betty's cassette recorder.

Eine Handlung, die gerade stattfindet und noch nicht abgeschlossen ist, drückt man mit der **Verlaufsform** aus.

In diesem Kapitel beschäftigen wir uns zuerst mit der Schreibung der Verben mit der Endung -ing, danach mit der Verwendung der Verlaufsform.

Wortschatz

Zuerst brauchen wir einige Verben.

to feed	füttern	to sleep	schlafen
to dream	träumen	to wait	warten
to read	lesen		
to sit	sitzen	to run	rennen
to jog	joggen	to swim	schwimmen
to put	setzen, stellen, legen		
to write	schreiben	to come	kommen
to arrive	ankommen	to drive	fahren
to take	nehmen, bringen		

Beachte:
Die Wörter in der ersten Gruppe werden mit einem **langen Vokal oder Diphthong** (zwei aufeinander folgende Vokale) ausgesprochen.
Die Wörter in der zweiten Gruppe werden mit einem **kurzen Vokal** ausgesprochen.
Die Wörter in der dritten Gruppe werden mit einem **-e am Wortende** geschrieben.

5 Die Verlaufsform

A 1 Welche Verben aus dem Wortschatz gehören zu den Bildern?

____

____

____

____

____

____

oder __________

A 2 Dieses Wortgitter enthält vier Verben mit einem langen Vokal bzw. mit einem Diphthong. Kreise sie ein und schreibe sie auf die Zeilen.

r	a	d	r	i	t	a
u	n	r	w	n	f	k
m	r	e	a	d	e	s
m	o	a	i	k	e	w
t	i	m	t	o	d	y

____

____

____

____

A 3 In welchen der folgenden Nomen steckt ein Verb aus dem Wortschatz? Tipp: Es sind vier.

waiter (Kellner)	pudding	welcome
______________	______________	______________
plane (Flugzeug)	arrival (Ankunft)	taxi driver
______________	______________	______________

*Das deutsche Verb „bringen" bedeutet sowohl „hinbringen" als auch „herbringen". Im Englischen verwendet man für **„hinbringen"** das Verb **"take"**, für **„herbringen"** jedoch **"bring"**.*

Bring mir bitte das Buch (her).	*Bring me the book, please.*
Bring Betty die neue Kassette (hin).	*Take the new cassette to Betty.*

5.1 Die Schreibung der Verben in der Verlaufsform

Grammatik

1. Bei den Verben, die einen langen Vokal oder Diphthong enthalten, wird die Endung -ing an den Infinitiv angehängt.

sleep	The pet is sleeping.
wait	Kevin is waiting for the bus.
read	Betty is reading a book.

2. Verben, bei denen ein kurzer Vokal vor dem Endkonsonanten steht, verdoppeln diesen Endkonsonanten.

swim	Look, Nick is swimming in the pool.
run	The dog is running after the cat.
sit	The cat is sitting in the tree.

3. Verben, bei denen ein stummes -e am Wortende steht, verlieren dieses -e.

drive	Who is driving? Mr Baxter is.
write	Daisy is writing a postcard.
come	Look, the bus is coming.

5 Die Verlaufsform

A 4 What are they doing?
Ergänze die Sätze mit den -ing-Formen der Verben.

1.	wait	The hedgehog is ____________ for its food.
	come	Kevin is ____________.
	feed	Kevin is ____________ his pet.
2.	sleep	The Baxters' dog is ____________.
	dream	Henry is ____________ of a big bone.
	put	Mrs Baxter is ____________ a big bone into his plate.
3.	write	Betty is ____________ a letter.
	take	She's ____________ it to the next letter box.
	run	She's ____________ back home.

A 5 In dieser Aufgabe sollst du die passenden Verbformen vor die -ing-Endung schreiben. Du findest die Verben in den Kästchen. Beachte, ob sich die Schreibung verändert!

put

arrive

sit

drive

read

1. Mr Baxter is ____________ing to work in his car.
2. Is the taxi ____________ing?
3. Daisy is ____________ing at the breakfast table, she's hungry.
4. Nick is ____________ing a CD-ROM into his computer.
5. Mrs Baxter is ____________ing an interesting book.

5.2 Die Verwendung der Verlaufsform

Grammatik

Die Verlaufsform beschreibt eine Handlung, die gerade im Verlauf ist, d.h. jemand ist gerade dabei etwas zu tun. Sie wird auch verwendet, wenn ein Vorgang noch nicht abgeschlossen ist.

Look, the plane is landing.
At this moment the taxi is arriving.
Now I'm going to bed.

Tipp!

Wenn Sätze Signale oder Signalwörter enthalten, die darauf hinweisen, dass eine Handlung gerade abläuft, musst du die Verlaufsform verwenden. Die häufigsten Signale für die Verlaufsform sind:

At this moment *Just now* *Now* *Look,* *Listen,*	*the bus*	*is coming.*

Nach Hilfsverben wie can oder must steht nie eine Verlaufsform, sondern immer der Infinitiv:

Now Betty must do her homework.
Look, the hedgehog can run very well.

5.3 Die Verlaufsform in Sätzen

Grammatik

Aussagesätze		Fragesätze		Verneinte Sätze	
I'm	waiting.	Am I	working?	I'm not	watching TV.
You're		Are you		You aren't	
He/She/It's		Is he/she/it		He/She/It isn't	
We're		Are we		We aren't	
You're		Are you		You aren't	
They're		Are they		They aren't	

Wortschatz

Zuerst noch einige Wörter, die wir für die Aufgaben brauchen.

something to eat	etwas zu essen	to bite	beißen
something to drink	etwas zu trinken	to smoke	rauchen
to welcome	willkommen heißen	to dance	tanzen
to sniff at	schnüffeln an	to look for	suchen
to send an e-mail to	eine E-Mail senden an		

A 6 Bilde Sätze nach folgendem Muster:

Is grandad feeding the hedgehog? — grandad – feed

No, he isn't. He's feeding Henry.

1. Is ____________ a fax ________________? — Mrs Bloom – send – to her American friend

No, she _________.

She's ____________ an e-mail.

2. ______________________________ the bus? — Mr and Mrs Baxter – wait for

No, ____________________.

_______________________ the taxi.

3. ____________________ Betty's CD player? Nick – repair

No, _________________.

_________________________ Betty's mouse.

A 7 Grandad's birthday party – Opas Geburtstagsfeier
Today grandad is 70 years old. He's having a party.
Beschreibe die Geburtstagsfeier mithilfe der Texte zu den Bildern.

Granny – bring – drinks

"Welcome, Francis, welcome, Pamela!"

Mrs Baxter – dance – with Betty

Mr Baxter – smoke – grandad's birthday cigars

Blacky and Spotty – sniff at – hedgehog

Henry – look for – something to eat

5 Die Verlaufsform

1. Grandad is ________________ his guests Francis and Pamela.

2. Granny __________________ some drinks.

3. Blacky and Spotty ____.

4. Henry ____.

5. Mrs Baxter ____.

6. Mr Baxter ______________________ one of ____________________.

Das einfache Präsens

Die Verlaufsform kennst du nun schon – jetzt üben wir das einfache Präsens (simple present).

Im Englischen gibt es für das Präsens zwei Zeiten: Die Verlaufsform bezeichnet eine Handlung, die gerade abläuft oder noch nicht abgeschlossen ist:

Look, Betty **is playing** with Henry.

Das **einfache Präsens**, die andere Präsensform, bezeichnet gewohnheitsmäßige sowie aufeinander folgende Handlungen.

Gewohnheit: Every day, Betty plays with Henry.

Reihenfolge: When Betty comes home, she first puts on the radio, then she asks: "What's for lunch?" After that she listens to music and helps her mother in the kitchen.

Wortschatz

Merke dir diese Wörter für Zeitangaben, die regelmäßige Handlungen ausdrücken:

every day	jeden Tag	every month	jeden Monat
every week	jede Woche	every year	jedes Jahr
often	oft	usually ['juːʒʊəlɪ]	gewöhnlich
sometimes	manchmal	always ['ɔːlweɪz]	immer

Präge dir auch folgende Wörter ein, soweit du sie noch nicht kennst:

to hurry	eilen	to carry	tragen
to fly	fliegen	to cry	weinen
to buy	kaufen	to play	spielen
to say	sagen	to do	machen, tun
to go	gehen	to watch	zuschauen, beobachten
to catch	fangen	to fetch	holen

6 Das einfache Präsens

to finish	beenden	to wash	waschen
to make	machen	to rush	rennen, stürzen
to collect	sammeln	to miss	verfehlen, versäumen
to use	verwenden	bird	Vogel
		kite	Drachen (den man steigen lässt)

A 1 Ergänze die Kästchen. Tipp: Alle gesuchten Vokabeln werden mit einem -y am Ende geschrieben.

Wenn der Koffer zu schwer ist, kannst du es nicht tun.

Es ist schneller als gehen.

Vögel können es, Igel nicht.

Kleine Kinder tun es oft, wenn man ihnen etwas wegnimmt.

Das Gegenteil ist „verkaufen“.

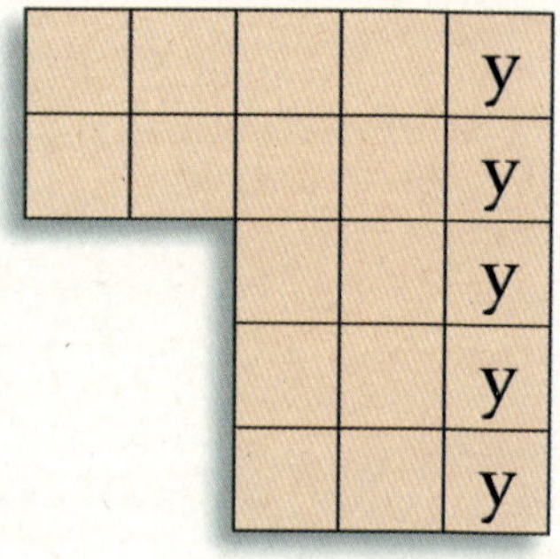

A 2 Welche Sätze verstecken sich in dieser Wortschlange? Schreibe sie auf.

____

____

A 3 Welche Satzteile gehören zusammen? Verbinde sie mit einer Linie.

1. Football fans
2. Hungry pupils
3. Pilots
4. Anglers

a. use radar ['reɪdaːr].
b. catch fish.
c. rush home after school.
d. never miss a match of their team.

Beachte die Verwendung von „machen"!

„Hausaufgaben machen":
deutsch: Die Schüler machen ihre Hausaufgaben.
englisch: The pupils do their homework.

„ein Foto machen":
deutsch: Die Baxters machen viele Fotos.
englisch: The Baxters take a lot of photos.

6.1 Die Form des einfachen Präsens

Grammatik

1. Beachte die 3. Person Singular:

	Singular	Plural
1. Person	I come	we come
2. Person	you come	you come
3. Person	**he/she/it comes**	they come

In der 3. Person Singular wird die Endung -s an das Verb gehängt.

Mr Baxter works in a bank.

Grandad plays cards every Monday afternoon.

Mrs Bloom often drinks coffee in the morning.

2. Beachte die Änderung der Schreibweise bei Verben auf -y:
Steht vor dem -y ein Konsonant, so wird das -y zu -ie:

hurry	The girl hurries.
fly	The kite flies.
carry	He carries two bags.

Das -y amVerbende wird jedoch nicht verändert, wenn ihm ein Vokal vorausgeht:

buy	She buys apples.
play	The dog plays with a ball.
say	The boy says hello.

Du wirst dir diesen Unterschied leichter merken können, wenn du dir folgendes Schema einprägst:

Konsonant	*+ y + s → -ies*	*carry – he carries*
Vokal	*+ y + s → -ys*	*buy – he buys*

3. Wenn ein Verb auf einen Zischlaut [s, z, ʃ, tʃ, dʒ] endet, so wird in der 3. Person Singular -es angehängt. Die Endung wird dann [ɪz] gesprochen:

catch	The goalkeeper catches the ball.
wash	Mr Baxter washes his car every month in the car wash.
miss	Kevin sometimes misses the bus to school.

Erinnerst du dich daran, dass die gleichen Veränderungen erfolgen, wenn ein Plural-s an Nomen angehängt wird? Auf der nächsten Seite sind diese wichtigen Veränderungen nochmals zusammengestellt.

	Verben	*Nomen*
-y	*hurr**y** – he hurr**ies*** *pla**y** – he pla**ys***	*one bab**y** – two bab**ies*** *one bo**y** – two bo**ys***
Zischlaut	*mi**ss** – she mi**sses*** *ca**tch** – she ca**tches***	*one bu**s** – two bu**ses*** *one ma**tch** – two ma**tches***

4. Die drei Verben “go”, “do” und “say” haben in der 3. Person Singular unregelmäßige Schreibweise bzw. Aussprache:

go Es wird -es angehängt, die Aussprache ist regelmäßig.

go [gəʊ] – He goes [gəʊz] to school.

do Es wird ebenfalls ein -es angehängt, aber die Aussprache verändert sich:

do [duː] – He does [dʌz] his homework.

say Die Schreibung bleibt regelmäßig, es wird nur ein -s angehängt, aber die Aussprache ändert sich:

say [seɪ] – She says [sez] that she is German.

Hier noch einmal übersichtlich die Besonderheiten von “go”, “do” und “say”.

	Schreibung	Aussprache	
unregelmäßig	go – goes	[gəʊ] – [gəʊz]	regelmäßig
	do – does	[duː] – [dʌz]	unregelmäßig
regelmäßig	say – says	[seɪ] – [sez]	

6.2 Die Verwendung des einfachen Präsens

Wortschatz

Hier noch einige Wörter, bei denen das einfache Präsens steht.

first	zuerst	after that	danach
then	dann	next	als Nächstes
later	später	never	nie

Grammatik

Das einfache Präsens verwendest du für:

1. regelmäßige oder gewohnheitsmäßige Handlungen:

Every morning Mrs Baxter gets up at 7 o'clock.
She works from 9 to 1 o'clock from Monday to Friday.
She often goes shopping after work.

Tipp!

Wenn ein Satz Signalwörter wie ***often, usually, every morning, always, never*** *enthält, kannst du das Präsens verwenden.*

2. Handlungen, die aufeinander folgen:

First Kevin talks with his hedgehog, then he fetches fresh water and gives it to his pet. After that Kevin puts a piece of apple into the cage.

Tipp!

Auch mit Signalwörtern wie ***first, then, after that*** *kannst du das Präsens verwenden.*

A 4 What the Baxters do on Saturdays
Ergänze die Lücken mit den richtigen Verbformen.

1. Every Saturday morning, Mrs Baxter (do) ________ the shopping. She (go) ________ to a supermarket in the town centre. Then she (drive) ________ to a market near Betty's school. There she (buy) ________ fruit and fresh salad. She often (say) ________: "Everything is so expensive."
In the afternoon, she usually (go jogging) ______________ in the park. Henry (run) ________ at her side. In the evening she often (play) ________ bridge with her friends.

2. Mr Baxter (get up) _______ _____ at 8 o'clock. Then he (have) _______ a shower and (wash) _________ his hair. He often (help) _________ his wife when she (do) _________ the shopping. Then he (carry) ________ the shopping bags.
In the afternoon he always (watch) __________ the football matches on TV. He's a fan of Manchester United. He's got a hobby: He (make) ________ kites. When it's windy, he and Betty (fly) ________ the kites.

A 5 Nick und Kevin sind Zwillinge, aber sie sind ziemlich verschieden. Kevin erzählt Betty von seinem Bruder. Ergänze.

1. Well, Betty, you see, I like animals, but Nick ________ computers.
2. I get up at 6.30, but he ________ _____ at 7 o'clock.
3. I always do my homework, but Nick sometimes ________n't do it.
4. I finish my homework at 5 o'clock, but Nick ___________ it at 6 o'clock.

5. When I can't do my maths homework, he _________ it for me.
6. When I've got no time to fetch some carrots for my pet, he _________ them for me.
7. I like to play football very much and Nick often _______ with me.

A 6 Kannst du diese Szene aus einem Fußballspiel beschreiben? Die angegebenen Verben helfen dir dabei.

1. Kevin ___________ the ball to Betty.
2. Kevin ___________ to the left side.
3. Betty ___________ the ball to Kevin.
4. Kevin ___________.
5. The goalkeeper is good, he ___________ the ball.
   What a pity, no goal this time!

Die Verwendung der Verlaufsform und des einfachen Präsens

In diesem Kapitel lernst du, Fehler bei der Verwendung des Präsens zu vermeiden.

Im Deutschen gibt es für das Präsens nur eine Zeit:

Nick **kommt** gerade.
Er **kommt** immer um vier Uhr.

Im Englischen gibt es dafür zwei Zeiten:

die Verlaufsform (present progressive):	Nick **is coming.**
das einfache Präsens (simple present):	He always **comes** at four o'clock.

Das Deutsche besitzt keine Verlaufsform. Wir verwenden stattdessen Wendungen wie „jetzt", „gerade", „in diesem Augenblick".

Im Englischen dürfen Verlaufsform und einfaches Präsens auf keinen Fall verwechselt werden!

Look, Henry is sleeping.

Sometimes Henry sleeps on the sofa.

7 Verlaufsform und einfaches Präsens

In der folgenden Übersicht findest du die Verwendung der zwei verschiedenen Präsenszeiten im Englischen gegenübergestellt. Lies die Sätze langsam durch und präge dir vor allem die Signalwörter ein, um present progressive und simple present gut auseinander halten zu können.

Grammatik

Verlaufsform (present progressive)	**einfaches Präsens (simple present)**
Look, the bus is arriving. Schau, der Bus kommt gerade an.	Every day the bus arrives at ten to eight. Der Bus kommt jeden Tag um zehn vor acht an.
Now Mrs Bloom is feeding Blacky and Spotty. Mrs Bloom füttert jetzt Blacky und Spotty.	Mrs Bloom always feeds them before she goes to school. Mrs Bloom füttert sie immer, bevor sie in die Schule geht.
"Betty, where are you going? To McDonald's?" „Betty, wo gehst du hin? Zu McDonald's?"	"Yes, I am. I often go to McDonald's." „Ja, ich gehe oft zu McDonald's."
Die Verlaufsform drückt aus, dass gerade jetzt eine Handlung abläuft und noch nicht abgeschlossen ist.	Das einfache Präsens drückt aus, dass eine Handlung regelmäßig geschieht.
Signalwörter:	**Signalwörter:**
now just now at this moment + Verlaufsform Look, ... Listen, ...	every day always often + einfaches Präsens sometimes usually

Wortschatz

to get up early	früh aufstehen	dinner	Mittagessen
to get up late	spät aufstehen	sun	Sonne
to brush	bürsten	neighbour ['neɪbə(r)]	Nachbar
to shine	scheinen		
to stay	bleiben	left	links
to hang	hängen, aufhängen	right	rechts
		until	bis

A 1 Ergänze die Kästchen mit Wörtern aus dem Wortschatz.

Look, the ☐☐☐ is shining.

The Smiths are the Baxters' ☐☐☐☐☐☐☐☐☐☐

Mrs Baxter works from eight ☐☐☐☐☐ one o'clock.

Your shoes are dirty, you must ☐☐☐☐☐ them.

When it rains, the children ☐☐☐☐ indoors.

A 2 Finde die Wörter, die das Gegenteil bedeuten.

1. early – ____________
2. always – ____________
3. left – ____________

Beachte: Die Wörter "right" und "to write" werden zwar gleich ausgesprochen ***[raɪt]****, haben jedoch unterschiedliche Schreibung und Bedeutung:*

The pupils write a dictation.
You must look to the left and to the right before you go across the street.

7 Verlaufsform und einfaches Präsens

A 3 Sieh dir die Bilder an und ergänze die Sätze. Achte darauf, welche Zeitform du verwenden musst!

1. Look, Mrs Bloom ____________ a photo of a pony. She often ______________ photos of other animals, too.

2. Betty _____ just ___________ Henry. She ___________ him every Friday.

3. Mrs Baxter always _________ the dinner. But today, she must go to the doctor's, so Mr Baxter _______________ it.

4. Nick and Kevin usually ________ their homework in their rooms, but this afternoon, the sun _______ ____________ and they __________ ___________ it in the garden.

A 4 Today is Friday 13. – Heute ist Freitag, der 13.
Ergänze die Sätze mit den richtigen Zeitformen der Verben.

1. get up	Usually Mr Baxter _______ _____ with his left foot first.		and he __________ ____ with his right foot first.
2. play	Betty often ________ with her neighbour's black and white cats.		and she ________ __________ only with the white cat.
3. stay	Grandad usually ________ in bed until half past seven.	But today is Friday 13,	and he _________ in bed until half past ten.
4. hang	Granny never _______ a horseshoe (Hufeisen) on the door.		and she ________ _________ one on the door.

A 5 Mrs Baxter's birthday morning – Mrs Baxters Geburtstagsmorgen
Ergänze die fehlenden Stellen im Text und achte darauf, ob du das present progressive oder das simple present brauchst.

Usually Mrs Baxter (machen) ____________ breakfast in the morning, but (heute) ___________ is her (Geburtstag) _____________. Mr Baxter: "This morning you can (bleiben) ____________ in bed, it's your birthday." At this moment, Betty (machen) _________________ tea for her mother. Mr Baxter (stellen) ____________ a plate of biscuits and a  ______________ on a tray. (Jetzt) ________ Betty (tragen) _______________ the tray into the bedroom. Betty: "Happy birthday, Mum!" Mrs Baxter: "Thank you, Betty. Breakfast in bed! What a nice birthday morning."

Fragewörter

Um dich auf Englisch unterhalten zu können, musst du auch Fragen stellen können. Hier lernst du die wichtigsten Fragewörter kennen, die du dazu brauchst.

Wortschatz

to look after	sich kümmern um
to listen to	zuhören, lauschen
to ask	fragen
to understand	verstehen
to need	brauchen
a pound of apples	ein Pfund Äpfel
fruit [fruːt]	Obst
sugar [ˈʃʊgə(r)]	Zucker
colour	Farbe
nephew	Neffe

A 1 Ergänze die Wörter mit den Buchstaben im Luftballon.

_____ga____ ______ our ne______w ______it

A 2 Kreuze das passende Nomen an.

1. Can I ask you a
( ) sugar?
( ) kiwi?
( ) question?

2. Mrs Baxter needs some
( ) apples
( ) lemonade
( ) pepper
to make a fruit salad.

3. Kevin is looking after
( ) the colour.
( ) his pet.
( ) the bus.

Die folgenden drei Wendungen dürfen nicht verwechselt werden:

	for		***sucht***
Kevin is looking	***after*** *his pet.*	*Kevin*	***kümmert sich um*** *sein Haustier.*
	at		***betrachtet***

Grammatik

Die sieben wichtigsten Fragewörter

who?	Who's that?	It's Betty.	**wer?**
where?	Where's Henry?	He's on the sofa.	**wo?**
	Where are you going?	To the fruit shop.	**wohin?**
when?	When's the shop open?	From Monday to Friday.	**wann?**
what?	What's this?	It's a play station.	**was?**
why?	Why is Kevin crying?	Because his pet is ill.	**warum?**
how?	How old are you?	I'm twelve.	**wie?**
whose?	Whose house is this?	It's the Baxter's house.	**wessen?**

Präge dir diese häufigen Wendungen mit Fragewörtern ein.

Where are you from?	Wo kommst du her?
What date is it today?	Der Wievielte ist heute?
What time is it?	Wie spät ist es?
What's your name?	Wie heißt du?
What colour is your bike?	Welche Farbe hat dein Fahrrad?
How much is it?	Was kostet es?
How are you?	Wie geht es dir?

1. ***Who*** *ist dem Deutschen „wo" ähnlich, es heißt aber* ***wer.***
Where *ist dem Deutschen „wer" ähnlich, es heißt aber* ***wo.***
Präge dir ein:

deutsch		*englisch*
wer?	–	***who?***
wo?	–	***where?***

Zeichne ein Gesicht in das "o" von "who". Es erinnert dich daran, dass man

mit **WHO?** *nach Personen fragt.*

2. ***Who's*** *und* ***whose*** *werden gleich ausgesprochen [hu:z], haben aber unterschiedliche Schreibweise und Bedeutung:*
who's *ist die Kurzform von* ***who is:***

Who's coming? Who is coming? Wer kommt?

Whose *heißt „wessen":*

Whose bike is this? Wessen Fahrrad ist das? Wem gehört dieses Fahrrad?

3. *Beachte den Unterschied zum Deutschen, wenn nach der Farbe gefragt wird:*

Welche Farbe ***hat*** *euer Auto?* *What colour* ***is*** *your car?*

8 Fragewörter

A 3 Welche Fragen stecken in den Kästchen? Schreibe sie auf die Zeilen.

1.

2.

3.

1. ____ ?

2. ____ ?

3. ____ ?

A 4 Fragen zu Kevins Igel. Ergänze die fehlenden Fragewörter.

1. __________ pet is it? Your pet or Nick's pet?
2. __________ old is it?
3. __________ looks after it when you are on holiday?
4. __________ colour is it?
5. __________ is it? In the garden?

Beachte den Unterschied zwischen "how many" und "how much":
Mit how much fragt man nach Dingen, die man nicht zählen kann:

How much sugar is in the packet?	*Wie viel Zucker ist in dem Paket?*

Mit how many fragt man nach Dingen, die man zählen kann:

How many oranges are in the bag?	*Wie viele Orangen sind in der Tasche?*

5 Mrs Baxter kauft Obst im Lebensmittelladen. Ergänze die Fragen.

Shop assistant:	Good afternoon, Mrs Baxter. _______ can I do for you?
Mrs Baxter:	Good afternoon. I need some fruit. Give me some kiwis ['ki:wi:z], please.
Shop assistant:	_______ _______ kiwis, Mrs Baxter?
Mrs Baxter:	I need four. And a kilo of oranges, three bananas and a pound of apples.
Shop assistant:	Here you are. Anything else?
Mrs Baxter:	Yes, I need some sugar.
Shop assistant:	_______ _______ sugar?
Mrs Baxter:	One pound, please. And that's all. _______ _______ is it?
Shop assistant:	That's seven pounds. Thank you very much, Mrs Baxter, goodbye.
Mrs Baxter:	Goodbye.

A 6 Mr Baxter ruft seine Frau vom Büro aus an, weil er heute Überstunden machen muss und erst später heimkommen kann. Dann erkundigt er sich nach Betty.

Mr Baxter: Hello, Emily, are you alright? I must work overtime today and I'll (ich werde) come home two hours later.

Mrs Baxter: Sorry, ______ will you come home?

Mr Baxter: Two hours later. ________'s Betty? ________'s she doing?

Mrs Baxter: She's in her room and listening to music.

Mr Baxter: I can't understand you, the music is so loud.

Mrs Baxter: Betty, it's too loud. Stop the music, please! I'm phoning Dad.

Betty: ________'s phoning?

Mrs Baxter: Dad is.

Betty: ________ must I stop my new cassette?

Mrs Baxter: Because I can't understand him. Hello? Oh, he has hung up (er hat aufgelegt).

A 7 Erkundige dich nach Donald Duck. Du wirst sehen, dass die Figuren im Englischen teilweise ein bisschen anders heißen als bei uns.

1. _______ ______ Donald Duck _______? – He's from Duckburg.
2. _______ ______ nephews has he got? – He's got three nephews: Huey, Dewey and Louie.
3. _________ girlfriend is Daisy? – Daisy's Donald's girlfriend.
4. _______ _______ Scrooge McDuck? – It's Donald's rich uncle.

5. _______ _______ money has Scrooge McDuck? – He's got a lot of money.

6. ________ _______ all his money? – It's in a big safe.

7. _______ _______ Donald Duck's "father"? – It's Walt Disney.

A 8 Übersetze!

1. Wie geht es dir?

____?

2. Wie spät ist es?

____?

3. Der Wievielte ist heute?

____?

4. Wessen Bleistift ist das?

____?

5. Welche Farbe hat dein Fahrrad?

____?

Fragen und Verneinungen mit "do" und "does"

Im Kapitel 8 hast du schon die Fragewörter geübt. Jetzt lernst du verschiedene Möglichkeiten zu fragen und wie man diese Fragesätze verneint.

Wortschatz

Für die Aufgaben zu diesem Kapitel brauchen wir wieder einige Vokabeln.

to think	denken, meinen
to leave	weggehen, wegfahren
to know	kennen, wissen
to call	rufen, nennen
vegetables ['vedʒɪtəblz]	Gemüse
angry	verärgert, gereizt
hot	heiß
if	ob

A 1

1. Ergänze die Reihe: cold – warm – __________

2. Streiche die Wörter durch, die keine "vegetables" sind:

carrots – apples – salad – bananas – celery ['selərɪ] – tomatoes – kiwis – blueberries

A 2

Suche die vier Verben aus dem Wortschatz in diesem Wortgitter und kreise sie ein.

a	l	l	o	p	b	n	e
s	t	v	i	t	s	o	t
r	h	l	e	a	v	e	o
e	i	t	h	u	s	t	c
s	n	a	f	k	a	r	a
s	k	n	o	w	i	r	l
z	s	a	i	t	t	o	l

Grammatik

Bei Sätzen mit **Hilfsverben** wie "be", "have got" und "can" sind Fragen und Verneinungen einfach. Du hast sie bereits in Kapitel 4 kennen gelernt:

Aussagesatz	Fragesatz	Verneinter Satz
Betty **is** nice.	**Is** Betty American?	No, Betty **isn't** American.
Nick **has** got a computer.	**Has** Kevin got a computer?	No, Kevin **hasn't** got one.
Birds **can** fly.	**Can** cows fly?	No, cows **can't** fly.

Bei Fragesätzen stellt man wie im Deutschen das Hilfsverb vor das Subjekt:

Where	is	Betty?	Wo	ist	Betty?
	Is	Betty at home?		Ist	Betty zu Hause?

Bei verneinten Sätzen stellt man "not" hinter das Hilfsverb oder man hängt die Kurzform "n't" an das Hilfsverb an:

I'm not from Birmingham.
The Baxters **haven't** got three children.
We **can't** understand you.

Jetzt beschäftigen wir uns mit den Vollverben. Das sind Verben wie "go", "eat", "work", "like". Sie bilden Fragen mit **do** oder **does** und Verneinungen mit **don't** (Kurzform von "do not") oder **doesn't** (Kurzform von "does not").

So formulierst du Fragen:

When	**do you get up?**	
	Do you go	to school by bus?
Where	**does he work?**	
	Does he work	in a bank?

Und so bildest du Verneinungen:

I **don't like** hamburgers.
Betty **doesn't go** to school by bus.

Bei Fragen wird "do" oder "does" vor das Subjekt gestellt:

Fragewort	***do/does***	***+ Subjekt***	***+ Vollverb***
	Do	*you*	*repair bikes?*
Where	*does*	*she*	*go shopping?*

Bei Verneinungen wird "don't" oder "doesn't" vor das Vollverb gestellt:

	don't/doesn't	***+ Vollverb***
Pupils	*don't*	*like homework.*
Henry	*doesn't*	*bite the postman.*

1. Bei Fragen und Verneinungen ist das -s der 3. Person Singular bereits in "doesn't" enthalten, es darf also nicht nochmals an das Vollverb angehängt werden.

Aussagesatz: Mr Baxter repairs the Baxters' bikes.
*Frage: **Does he repair** bikes?*
Aussagesatz: Betty watches TV.
*Verneinung: **She doesn't watch** TV before she goes to school.*

*2. Bei Fragen mit den Fragewörtern **whose, what, where, when, why, how** verwendet man "do" oder "does". Eine Ausnahme bildet das Fragewort who: Wenn man mit "who" fragt, wird kein "does" verwendet:*

	Wann kommst du?	*When do you come?*
aber:	*Wer kommt?*	*Who comes?*
	Wer geht zum Zahnarzt?	*Who goes to the dentist's?*

9 Fragen und Verneinungen

A 3 Im Biologieunterricht geht es heute um Schildkröten. Kannst du Mrs Blooms Fragen vervollständigen? Nimm die Antworten der Schüler zu Hilfe.

Mrs Bloom:	Pupils:
1. Where ______ tortoises ['tɔːtəsɪz] __________?	Tortoises live on land and in water.
2. What ______ you _________ the house of a tortoise?	We call it a shell.
3. What kind of weather ________ tortoises ________?	Tortoises like warm weather.
4. When _____ tortoises ________ outdoors?	They go outdoors when the sun is shining. They like sunbathing (sonnenbaden).
5. Kevin, why _________ you ________ your hedgehog a name?	Kevin: I'll (ich werde) give it a name later. I don't know if it's a "he" or a "she".

A 4 Nach dem Unterricht möchten die Mitschüler mehr über Kevins Igel wissen. Ergänze ihre Fragen mithilfe der Antworten.

Pupils:	Kevin:
1. ________ it ____________?	No, it doesn't prick. Only if you make it angry.
2. What ________ it _____________?	It eats insects and apples.
3. ________ it __________ in winter?	Yes, it sleeps all winter.

4. How many months _______ it _______? — It sleeps from October to April.

5. _______ you _______ your pet? — Yes, I like it very much. It's an interesting animal.

A 5 Stelle Fragen nach diesen Angaben und gib dazu die Antworten.

	where?	after school – what?	pocket money – how much?
	live?	do?	get?
Betty	at 29 Glasgow Street	listen to cassettes	3 pounds
Nick & Kevin	at 11 Edinburgh Road	do their homework	2 pounds

1. Betty

Where ____________________? – She ________________________.

What ____________________ after school? – After school, she

____________________________.

How much ________________________? – She ______________

pounds a week.

2. Nick and Kevin

Where ____________________? – They ________________________.

What ____________________ after school? – After school, they

____________________________.

How much ________________________? – They ______________

pounds a week.

9 Fragen und Verneinungen

A **6** Stelle Fragen. Die Verben helfen dir dabei.

like | do | go to bed | get up | watch TV

1. Wann stehst du auf?

____

2. Magst du Deutsch?

____

3. Was machst du nach der Schule?

____

4. Siehst du jeden Abend fern?

____

5. Wann gehst du zu Bett?

____

A **7** Ergänze die Antworten.

1. Where's Betty's cassette recorder? – I (not know)

_________________.

2. I think Kevin's pet sleeps in his bed. – No, it (not sleep)

_________________ in its bed.

3. Is grandad in the garden? – No, he (not work) __________ in the garden when it is so hot.

4. Are these the grandparents' hamburgers? – Oh no, they (not like) __________ hamburgers.

A 8 Bilde Sätze nach dem folgenden Muster:

Mr Baxter repairs bikes, he doesn't repair cassette recorders.	Mr Baxter – repair
1. Mrs Bloom __________ tennis, she __________ __________ football.	Mrs Bloom – play
2. __________ milk for breakfast, __________ tea.	Nick and Kevin – drink
3. __________ a cat, __________ __________ a dog.	Betty – take a photo of
4. When Blacky and Spotty make it very angry, __________ __________ them, but it __________ Kevin.	Kevin's pet – prick

9 Fragen und Verneinungen

A 9 Bilde vollständige Sätze. Die Smileys helfen dir dabei.

☺ to like

☺☺ to like very much

☹ not to like

	hamburgers	jogging	football
Betty	☺☺	☹	☺
Nick and Kevin	☺	☹	☺☺
Mrs Baxter	☹	☺☺	☹

1. Betty ______________________. She ______________________, but she ______________________.

2. Nick and Kevin ______________________, too. They ______________________, but they ______________________.

3. Mrs Baxter ______________________. She ______________________, but she ______________________.

See you next time!
Goodbye!
Bye-bye!
You are super!
Bow-wow!

Lösungen

1. Die Nomen

1

1. boy, day, way, key
2. What can you see on this **page?** A hamster in its **cage.**
3. family, piece, class, woman, way

2

boys, women, men, classes

3

1. There is not only one **child,** there are three **children** in the garden.
2. There is not only one **bus,** there are two **buses** in the street.
3. There is not only one **baby,** there are two **babies** in the pram.
4. There is not only one **box,** there are four **boxes** on the table.

4

	Singular	Plural
1.	woman	women
2.	lady	ladies
3.	man	men

5

the girls' balls, the ladies' bags, the men's hats, the boys' pens, the babies' lollipops, the women's names, the children's caps

6

1. The Baxters' dog is black.
2. The girls' friends are not here.
3. The children's parents are in the house.
4. The boys' friends are in the garden.

Lösungen

7 **1.** The children's ball is in the tree.

2. The two men's dogs are in the water.

3. The girls' pets are in the cages.

8 The **boys** and **girls** are in their class.
The **pupils'** teacher is Mrs Bloom.
In Mrs **Bloom's** class, there are 30 **pupils.**
Where are the **children's** books?
They are on their **desks.**
Where is **Betty's** book?
It's not on the **girl's** desk, it's in her room at home.

2. Der unbestimmte Artikel

1

1. ice cream
2. animal
3. apple, orange, banana
4. easy, empty, new
5. difficult, full

2

Look, it's **a full bottle.** Look, it's **an empty bottle.**

3

1. Is it **a** difficult or **an** easy exercise?
2. Look, here's **an** empty bottle.
3. Here's **an** apple for Nick, **a** banana for Betty and **an** orange for Kevin.
4. Can I have **an** ice cream, please?
5. In the zoo, you can see **an** old elephant. It's 60 years old, it's **a** very old elephant.

4

e	v	r	m	i	s	s	a	w	c
s	e	c	r	e	t	a	r	y	a
s	t	e	a	c	h	e	r	o	r
u	r	o	w	t	a	a	e	v	l

5

1. Mrs Bloom isn't **a** manageress, she's **a teacher.**
2. She's not **an** architect, she's **a vet.**
3. Mrs Baxter isn't **a** teacher, she's **a secretary.**
4. He isn't **a** manager, he's **an architect.**

3. Fürwörter

1

1. pet
2. friend
3. too
4.

			v	e	r	y
	h	u	n	g	r	y
n	a	u	g	h	t	y

2

1. Look, Betty's in the swimming pool. **She**'s swimming.
2. And Nick and Kevin? **They**'re in the swimming pool, too. **They**'re Betty's friends.
3. The water is great, **it**'s not cold.
4. Look, a ham sandwich. **It**'s Betty's sandwich.
5. Spotty, Mrs Bloom's pet, is not in the water. **It**'s hungry. (Hier kannst du auch "he" oder "she" schreiben, weil Spotty ein Haustier ist, das einen Namen hat.)
6. Spotty: "Mmh, Betty's ham sandwich! **It**'s very good."
7. Betty: "**I**'m so hungry. My ham sandwich – where is **it**?"
8. Nick and Kevin: "**We**'re hungry, too!"
9. Betty: "Oh, Spotty, **you**'re a naughty dog."

3

1. Daisy: "I'm in the garden, but Betty can't see **me**."
2. Tim is in the tree, but Betty can't see **him**.
3. Nick and Kevin: "We are in the garden, but Betty can't see **us**."
4. And Spotty, the dog? – Betty can't see **it** (oder "him" bzw. "her").

4 1. Nick: Betty, I have no pencil. – Betty: Here's a pencil for **you.**

2. Nick and Kevin: Betty, we have no rubber. – Betty: Here's a rubber for **you.**

3. Kevin: Betty, Nick has no ruler. – Betty: Here's a ruler for **him.**

4. Nick: Betty! Tim and Daisy have no pen. – Betty: Here's a pen for **them.**

5. Nick: Betty, I have no lollipop. – Betty: Oh no, Nick, my lollipop is not for you, it's for **me!**

5 1. It's in its basket.

2. It's in its box.

3. Its phone number is 44222.

Fehlerquelle:
*„Handy" heißt auf Englisch **mobile phone.***

6 1. Here's Betty and **her cassette recorder.**

2. Here's Nick and **his game boy.**
3. Here are two boys and **their skateboards.**

4. Here's Mr Baxter and **his mobile phone.**

5. Here's my father and me and **our computer.**

7 1. Betty: Can you **tell me** what time it is, Nick?

2. Kevin: Tim, **give me** a pencil, please.

3. Mrs Bloom: **Show me** your homework, please.

4. Mrs Bloom: **Put your** books on the desks, please.

5. Daisy: Mrs Bloom, can I **ask you** a question?

6. Mrs Bloom: Yes, you can, Daisy. **Ask me.**

8

1. Are the apples for granny and grandad? – Yes, they are for **them.**
2. Are the strawberries for me alone? – No, they aren't for **you** only.
3. Are they for Nick and Kevin, too? – Yes, they are for **them,** too.
4. Are the pears for you and Daddy? – No, they aren't only for **us,** they are for **you,** too.
5. And the carrot? It's for my hamster. – Yes, but wash **it** first.

9

1. the girl and **her** hamster
2. the boys and **their** ball
3. the Baxters and **their** house
4. Betty and **her** father

10

1. She's my friend. She's very nice. I like her.
2. They are in the garden, I can see them.
3. They are for her.
4. Here are photos, they are good. Look at them.
5. Are you Mrs Bloom? Here's a letter for you.

11

1. Person Singular:
I can't find **my** hamster. Can you help **me?**

2. Person Singular:
You're from London! What's **your** name? I can give **you** my address.

3. Person Singular:
He's my friend. **His** brother is my friend, too. I often play with **him.**
She's in my class. **Her** father is a policeman. I often telephone **her.**
Look, a bird. **It**'s in **its** nest. Can you see **it?**

1. Person Plural:
We're in class 5b. **Our** teacher is nice. He teaches **us** English.

2. Person Plural:
Are **you** brothers? Are **your** names Nick and Kevin? Can I ask **you** a question?

3. Person Plural:
They've got two sons. **Their** names are Nick and Kevin. I often play with **them.**

4. Die Hilfsverben "be" und "have got"

1 c, America

2
1. Hello, are you Betty? – Yes, I'**m** Betty Baxter.
2. You'**re** eleven years old. Right? – Yes, I **am.**
3. Where are your parents? – They'**re** in the garden.
4. Where is Kevin? – He'**s** in the garden, too.

3
1. The lady **isn't** from Scotland, she's from India.
2. "I'm from Manchester, I'**m not** from Liverpool."
3. "We **aren't** from Scotland, we're from America."
4. It **isn't** from a big city, it's from a village.
5. They **aren't** from Germany, they're from England.

4
1. **Are** you the new pupil?
2. **Are** you ten years old?
3. **Is** your family from England?
4. **Are** your parents from India?

5
1. Excuse me, **are** you from America? – No, we **aren't**, we **are** from Australia.
2. Excuse me, **are** you from India? – No, **I'm not, I'm** from Pakistan.
3. Excuse me, **is** your friend from China? – Yes, **he is, he's** from Hong-kong.

6

1. Is it Miss Bloom?	No, she **isn't**	in the photo.
2. Is it Nick?	No, he **isn't**	
3. Is it Mr and Mrs Baxter?	No, they **aren't**	
4. Is it you?	No. **I'm not**	

7 Vergleiche deine Lösungen mit der Wortliste.

8

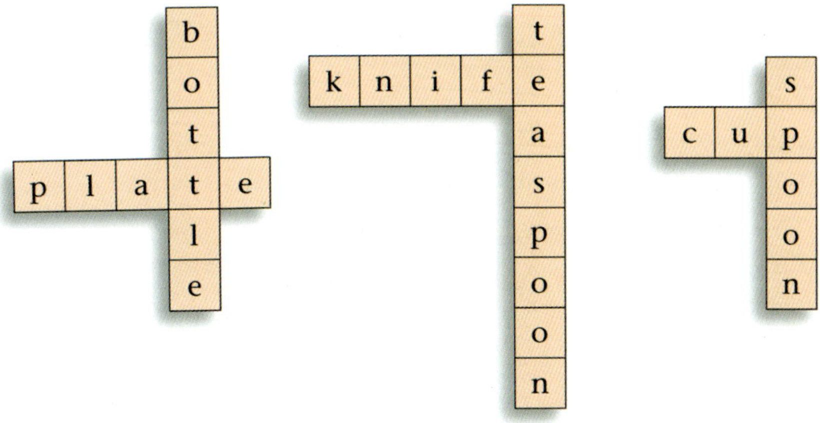

9

1. **Have** the Baxters **got** a dog? – Yes, **they have.** They**'ve got** a big, black dog.
2. "Betty, **have** you **got** a glass for me?" – "No, I **haven't.** But I**'ve got** a cup."
3. **Has** Nick **got** a penknife? – No, he **hasn't.** But his brother Kevin **has got** one.

10

Mrs Baxter: Betty, **have** you **got** the **cups?**
Betty: No, I **haven't.** Dad, **have** you **got** a penknife?
Mr Baxter: Yes, I **have,** here is it. **Have** Nick and Kevin **got** the **forks?**
Betty: Yes, they **have.** They must be in their bags.
Mrs Baxter: Nick, **have** you **got** the **spoons?**
Nick: No, Mrs Baxter, I **haven't,** but Kevin **has.**
Betty: **Has** Nick **got** the camera?
Kevin: No, he **hasn't.** I**'ve got** the camera in my bag.
Mr Baxter: Emily, **have** you **got** my **glass** and my **bottle** of beer?
Mrs Baxter: What? I**'ve got** a **bottle** of lemonade for you. (...)

11 1. **Is** Mrs Bloom a secretary? – No, she **isn't.** She's a teacher. **Has** she **got** a friend? – Yes, she **has. He's** from California. Her friend is **American.**

2. **Are** Nick and Betty brother and sister? – No, they **aren't.** Nick **has got** a brother.

3. **Have** Nick and Kevin **got** penfriends? – Yes, they **have.** They **are** from Leipzig in **Germany.** Nick and Kevin learn **German** at school.

4. "I'm very thirsty. **Have** you **got** something to drink, please?" – "Yes, I **have.** You can have a **glass** of water, a **cup** of tea or a **bottle** of coke." (...)

5. Die Verlaufsform

1 write, sleep, drive, swim, sit, run/jog

2

r	a	d	r	i	t	a
u	n	r	w	n	f	k
m	r	e	a	d	e	s
m	o	a	i	k	e	w
t	i	m	t	o	d	y

3 wait, come, arrive, drive

4

1. The hedgehog is **waiting** for its food.
   Kevin is **coming.**
   Kevin is **feeding** his pet.
2. The Baxters' dog is **sleeping.**
   Henry is **dreaming** of a big bone.
   Mrs Baxter is **putting** a big bone into his plate.
3. Betty is **writing** a letter.
   She's **taking** it to the next letter box.
   She's **running** back home.

5

1. Mr Baxter is **driv**ing to work in his car.
2. Is the taxi **arriv**ing?
3. Daisy is **sitt**ing at the breakfast table, she's hungry.
4. Nick is **putt**ing a CD-ROM into his computer.
5. Mrs Baxter is **read**ing an interesting book.

6

1. Is Mrs Bloom sending a fax to her American friend?
   No, she isn't.
   She's sending an e-mail.
2. Are Mr and Mrs Baxter waiting for the bus?
   No, they aren't.
   They are waiting for the taxi.
3. Is Nick repairing Betty's CD player?
   No, he isn't.
   He's repairing Betty's mouse.

7

1. Grandad is **welcoming** his guests Francis and Pamela.
2. Granny **is bringing** some drinks.
3. Blacky and Spotty **are sniffing at the hedgehog.**
4. Henry **is looking for something to eat.**
5. Mrs Baxter **is dancing with Betty.**
6. Mr Baxter **is smoking** one of **grandad's birthday cigars.**

6. Das einfache Präsens

1

c	a	r	r	y
h	u	r	r	y
		f	l	y
		c	r	y
		b	u	y

2 The children fetch a ball and play football. At four o'clock they finish their football match.

3 1+d: Football fans never miss a match of their team.
2+c: Hungry pupils rush home after school.
3+a: Pilots use radar.
4+b: Anglers catch fish.

4
1. Every Saturday morning, Mrs Baxter **does** the shopping. She **goes** to a supermarket in the town centre. Then she **drives** to a market near Betty's school. There she **buys** fruit and fresh salad. She often **says:** "Everything is so expensive."
"In the afternoon, she usually **goes jogging** in the park. Henry **runs** at her side. In the evening she often **plays** bridge with her friends.
2. Mr Baxter **gets up** at 8 o'clock. Then he **has** a shower and **washes** his hair. He often **helps** his wife when she **does** the shopping. He **carries** the shopping bags.
In the afternoon he always **watches** the football matches on TV. He's a fan of Manchester United. He's got a hobby: He **makes** kites. When it's windy, he and Betty **fly** the kites.

5
1. Well, Betty, you see, I like animals, but Nick **likes** computers.
2. I get up at 6.30, but he **gets up** at 7 o'clock.
3. I always do my homework, but Nick sometimes **doesn**'t do it.

4. I finish my homework at 5 o'clock, but Nick **finishes** it at 6 o'clock.

5. When I can't do my maths homework, he **does** it for me.

6. When I've got no time to fetch some carrots for my pet, he **fetches** them for me.

7. I like to play football very much and Nick often **plays** with me.

6

1. Kevin **kicks** the ball to Betty.

2. Kevin **rushes** to the left side.

3. Betty **passes** the ball to Kevin.

4. Kevin **shoots.**

5. The goalkeeper is good, he **catches** the ball. (...)

7. Die Verwendung der Verlaufsform und des einfachen Präsens

1

s	u	n							
n	e	i	g	h	b	o	u	r	s
u	n	t	i	l					
b	r	u	s	h					
s	t	a	y						

2

1. early – **late**
2. always – **never**
3. left – **right**

3

1. Look, Mrs Bloom **is taking** a photo of a pony. She often **takes** photos of other animals, too.
2. Betty **is** just **brushing** Henry. She **brushes** him every Friday.
3. Mrs Baxter always **makes** the dinner. But today, she must go to the doctor's, so Mr Baxter **is making** it.
4. Nick and Kevin usually **do** their homework in their rooms, but this afternoon, the sun **is shining** and they **are doing** it in the garden.

4

1. Usually Mr Baxter **gets up** with his left foot first.		and he **is getting up** with his right foot first.
2. Betty often **plays** with her neighbour's black and white cats.		and she **is playing** only with the white cat.
3. Grandad usually **stays** in bed until half past seven.	But today is Friday 13,	and he **is staying** in bed until half past ten.
4. Granny never **hangs** a horseshoe on the door.		and she **is hanging** one on the door.

5 Usually Mrs Baxter **makes** breakfast in the morning, but **today** is her **birthday.** Mr Baxter: "This morning you can **stay** in bed, it's your birthday." At this moment Betty **is making** tea for her mother. Mr Baxter **is putting** a plate of biscuits and a **cup of** tea on a tray. **Now** Betty **is carrying** the tray into the bedroom. (...)

8. Fragewörter

1 sugar, colour, nephew, fruit

2

1. Can I ask you a
   ( ) sugar?
   ( ) kiwi?
   (x) question?

2. Mrs Baxter needs some
   (x) apples
   ( ) lemonade
   ( ) pepper
   to make a fruit salad.

3. Kevin is looking after
   ( ) the colour.
   (x) his pet.
   ( ) the bus.

3

1. Where is Nick?
2. Who is your friend?
3. Why are they here?

4

1. **Whose** pet is it? Your pet or Nick's pet?
2. **How** old is it?
3. **Who** looks after it when you are on holiday?
4. **What** colour is it?
5. **Where** is it? In the garden?

5

Shop assistant: Good afternoon, Mrs Baxter. **What** can I do for you?

Mrs Baxter: Good afternoon. I need some fruit. Give me some kiwis, please.

Shop assistant: **How many** kiwis, Mrs Baxter?

(...)

Mrs Baxter: Yes, I need some sugar.

Shop assistant: **How much** sugar?

Mrs Baxter: One pound, please. And that's all. **How much** is it? (...)

6 Mr Baxter: Hello, Emily, are you alright? I must work overtime today and I'll (ich werde) come home two hours later.

Mrs Baxter: Sorry, **when** will you come home?

Mr Baxter: Two hours later. **Where's** Betty? **What's** she doing?

Mrs Baxter: She's in her room and listening to music.

(...)

Betty: **Who**'s phoning?

Mrs Baxter: Dad is.

Betty: **Why** must I stop my new cassette? (...)

7
1. **Where is** Donald Duck **from?**
2. **How many** nephews has he got?
3. **Whose** girlfriend is Daisy?
4. **Who is** Scrooge McDuck?
5. **How much** money has Scrooge McDuck?
6. **Where is** all his money?
7. **Who is** Donald Duck's "father"?

8
1. How are you?
2. What time is it?
3. What date is it today?
4. Whose pencil is this?
5. What colour is your bike?

9. Fragen und Verneinungen mit "do" und "does"

1

1. cold – warm – **hot**
2. carrots – ~~apples~~ – salad – ~~bananas~~ – celery – tomatoes – ~~kiwis~~ – ~~blueberries~~

2

a	l	l	o	p	b	n	e
s	**t**	v	i	t	s	o	t
r	**h**	**l**	**e**	**a**	**v**	**e**	o
e	**i**	t	h	u	s	t	**c**
s	**n**	a	f	k	a	r	**a**
s	**k**	**n**	**o**	**w**	i	r	**l**
z	s	a	i	t	t	o	**l**

3

1. Where **do** tortoises **live?**
2. What **do** you **call** the house of a tortoise?
3. What kind of weather **do** tortoises **like?**
4. When **do** tortoises **go** outdoors?
5. Kevin, why **don't** you **give** your hedgehog a name?

4

1. **Does** it **prick?**
2. What **does** it **eat?**
3. **Does** it **sleep** in winter?
4. How many months **does** it **sleep?**
5. **Do** you **like** your pet?

5 1. Betty
Where does Betty live? – She lives at 29 Glasgow Street.What does she do after school? – After school, she listens to cassettes. How much pocket money does she get? – She gets three pounds a week.

2. Nick and Kevin
Where do Nick and Kevin live? – They live at 11 Edinburgh Road. What do they do after school? – After school, they do their homework. How much pocket money do they get? – They get two pounds a week.

6 1. When do you get up?

2. Do you like German?

3. What do you do after school?

4. Do you watch TV every evening?

5. When do you go to bed?

7 1. Where's Betty's cassette recorder? – I **don't know.**

2. I think Kevin's pet sleeps in his bed. – No, it **doesn't sleep** in its bed.

3. Is grandad in the garden? – No, he **doesn't work** in the garden when it is so hot.

4. Are these the grandparents' hamburgers? – Oh no, they **don't like** hamburgers.

8 1. Mrs Bloom plays tennis, she doesn't play football.

2. Nick and Kevin drink milk for breakfast, they don't drink tea.

3. Betty takes a photo of a cat, she doesn't take a photo of a dog.

4. When Blacky and Spotty make it very angry, Kevin's pet pricks them, but it doesn't prick Kevin.

9

1. Betty likes hamburgers very much. She doesn't like jogging, but she likes football.
2. Nick and Kevin like hamburgers, too. They don't like jogging, but they like football very much.
3. Mrs Baxter doesn't like hamburgers. She likes jogging very much, but she doesn't like football.